본 격 대 결 과 학 실 험 만 화

# 내일은 실험왕 ⑱

본격 대결 과학실험 만화

# 내일은 실험왕 ⑱ 식물의 대결

글 곰돌이 co. | 그림 홍종현 | 감수 박완규, 이창덕 | 채색 이재웅 | 사진 POS 스튜디오, Shutterstock, 심보경

찍은날 2011년 7월 27일 초판 1쇄 | 펴낸날 2011년 8월 1일 초판 1쇄

펴낸이 김영진 | 본부장 김군호

편집장 박현미 | 기획·편집 문영, 이영, 박소영, 이소영, 이종미, 조한나, 백은영 | 디자인 박남희, 이유리, 박지연

펴낸곳 (주)미래엔 서울시 서초구 잠원동 41-10 편집 02)3475-3920 마케팅 02)3475-3843~4 팩스 02)541-8249

출판등록 1950년 11월 1일 제16-67호 | 홈페이지 http://www.i-seum.com

부록으로 '새벽초 화분➕강낭콩' 실험 키트가 들어 있습니다.

ISBN 978-89-378-4770-7
ISBN 978-89-378-4773-8(세트)

이 도서의 국립중앙도서관 출판시 목록(CIP)은 e-CIP 홈페이지(http://www.nl.go.kr/ecip)에서 이용하실 수 있습니다.
(CIP 제어번호 : CIP2011003078)

잘못된 책은 구입처에서 바꾸어 드립니다.
값은 뒤표지에 있습니다.

＊(주)미래엔은 대한교과서주식회사의 새로운 이름입니다.

아이세움 i-seum

본격 대결 과학실험 만화

# 내일은 실험왕 ⑱

글 곰돌이 co. | 그림 홍종현

아이세움

# 차례

# 등장인물

## 범우주

**소속** 새벽초등학교 실험반.

**관찰 내용**

- 무인도에 떨어져도 살아남을 만큼 생존 본능이 강하다.
- 고사성어를 즐겨 사용하지만 매번 어딘가 허술하다.
- 새로운 헤어스타일과 함께 온화한 범우주로 이미지 변신을 시도하지만 욱하는 성질 때문에 뜻대로 되지 않는다.

**관찰 결과** 야생 적응력 100%를 자랑하는 과감한 행동파! 대책 없는 성격 탓에 상대 팀에게 민폐를 끼치기도 하지만, 언제나 분위기 메이커!

## 나란이

**소속** 새벽초등학교 실험반.

**관찰 내용**

- 틈만 나면 아웅다웅 다투는 실험반 친구들이 조금 걱정스럽다.
- 대결 상대인 미나와 한 조가 되어 서먹한 것도 잠시, 미나의 시원시원한 성격 덕분에 금세 친해진다.
- 새벽초 실험반 친구들과 잠시 떨어져 캠프에 열심이다.

**관찰 결과** 환경에 적응하며 숲을 이루는 식물들이 서로를 통해 성장해 온 자신들과 닮았다고 생각한다.

## 강원소

**소속** 새벽초등학교 실험반.

**관찰 내용**

- 지금껏 쌓아 온 스마트한 이미지와 달리 텐트 치는 자세는 영 어설프다.
- 식물에 대한 해박한 지식으로 산에서 먹을 수 있는 식물을 찾는다.
- 실험반의 리더답게 릴레이 실험 퀴즈 대결에서 마지막 주자로 나서지만, 그에게 주어진 퀴즈는 지식으로 풀 수 없는 것!

**관찰 결과** 난생 처음 산에 온 도련님! '냉혈한'으로 불릴 만큼 차갑고 완벽했던 지금까지의 모습과 달리 허술함과 인간미를 보여 준다.

### 하지만

**소속** 새벽초등학교 실험반.

**관찰 내용**

- 귀신 소동이 한심하다고 말하지만 내심 불안해한다.
- 릴레이 실험 퀴즈 대결에서 뒤처지자 심리적 압박을 느낀다.
- 필기왕의 명성에 걸맞게 까다로운 문제도 필기 내용을 토대로 차근차근 답을 유추해 나간다.

**관찰 결과** 초롱이와의 아픈 추억을 결정적인 힌트로 삼아 의연하게 문제를 풀고 위기를 모면한다.

### 에릭

**소속** 한별초등학교 실험반.

**관찰 내용**

- 뛰어난 과학 지식과 더불어 준수한 외모, 게다가 리더십까지 갖추었지만 대화가 거듭될수록 인간미는 떨어진다.
- 간단한 이야기를 어렵고 느끼하게 설명하는 재주가 있다.
- 캠프에 주도적으로 참여하기보다 늘 한 발짝 떨어져서 주위를 살핀다.

**관찰 결과** 캠프에 참가한 모든 학생들이 귀신 소동으로 혼란한 상황에서도 예리한 추리로 검은 그림자의 존재를 설명해 낸다.

### 허홍

**소속** 태양초등학교 실험반.

**관찰 내용**

- 본선 대회를 위해 과학 캠프에서 체력을 허비할 생각이 없다.
- 태양초의 리더로서 늘 팀원을 엄격하게 관리하려 들지만, 배고픈 팀원들을 통제하기에는 역부족이다.
- 예상치 못한 상황 앞에서는 무너져 버리는 어설픈 원칙주의자!

**관찰 결과** 다른 팀에 대한 경계를 늦추지 않으려 하지만, 우주와 라민의 계속되는 장난에 그 경계는 무색해져만 간다.

### 기타 등장인물

❶ 나란이와 한 텐트를 쓰게 된 **미나**.

❷ 의외로 우주와 궁합이 잘 맞는 **라민**.

❸ 실험반과 함께 과학 캠프를 진행하는 **선생님들**.

제1화
# 드디어 과학 캠프!

숲은 엄청나게 위험한 곳이야!

산불, 산사태, 홍수, 눈사태 같은 자연재해에 노출되어 있거든.

화르륵

쏴아

콰 콰 콰

곳곳에 온갖 독초와 독버섯이 무성한 데다가,

흡혈 모기에 거머리, 독사……

독개구리……

날름~

히익~

하 하 하 하 하

경치 한번 끝내준다~!

날씨도 범우주 님을 반기는구나!

상쾌해~.

수십 년 만의 맑은 날씨래!

캬~

스읍

쿡…

거봐, 오길 잘했지?

어?

저, 저런 개념 없는 새벽초 바보들!

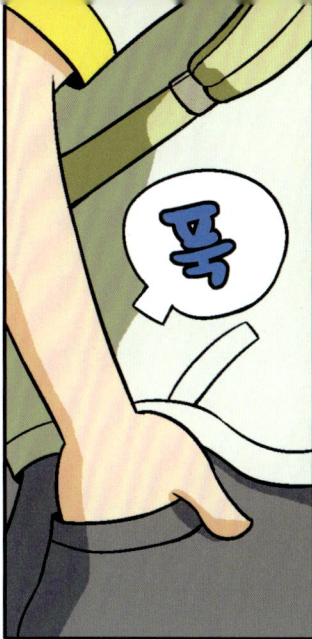

폭

어이~, 허홍!

건들
건들 빠직

이왕 같이 캠프에 온 거,
1박 2일 동안만 휴전하는 게 어때?

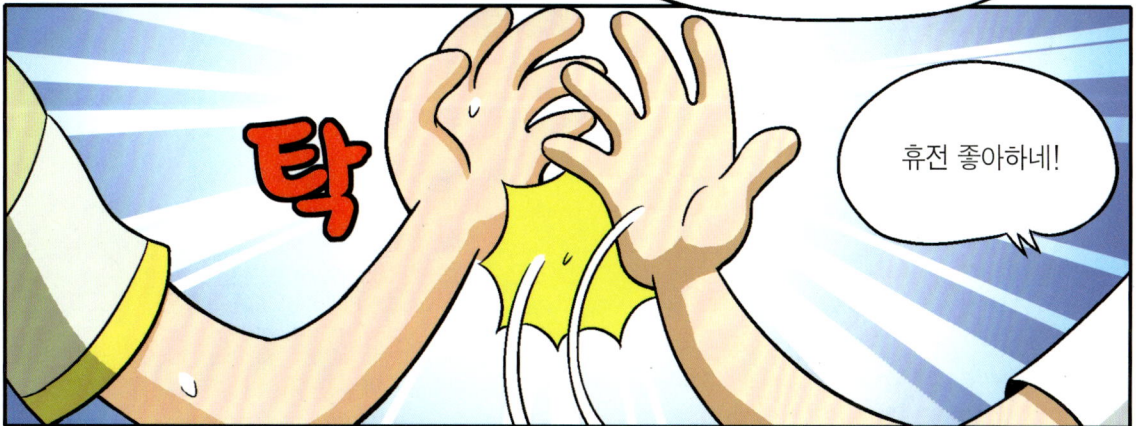

탁

휴전 좋아하네!

너랑 내가 휴전이라니,
말이 안 되지~.

너는 처음부터
네 상대가
안 되거든.

절대
용서 못 해!

호오~, 그래?
내기 예전 같으면
그 말에 불같이
화냈겠지만······.

후후후···

뭐?
지금 날
무시해?!

버럭!

과거의
범우주

범우주 님은
새로 태어났으니······.

13

먼 길을 갈 때는
걸음걸이가 중요하단다.

바르게 걷지 않으면
빨리 피곤해지고
다칠 위험이 크거든.

타박

타박

타박

타박

타박

발의 무게 중심을
뒤축에서
앞축으로
이동해,

발바닥이 땅에
고르게 닿도록
해야 한단다.

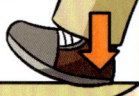

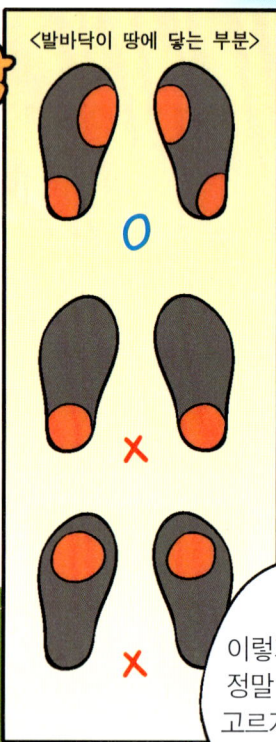

〈발바닥이 땅에 닿는 부분〉

O

×

×

오~

이렇게 걸으니
정말 발자국이
고르게 생기네!

하하하!

발 밑을 보지 말고
앞을 보고 걸으렴.

잘 들었지?
다들 앞을 보래!

너한테
하신 말씀
같은데?

웅찔

내리막길에서는 속도를 줄이고

발바닥 전체를 땅에 대는 거야.

타박

타박

오르막길에서는 보폭을 좁히고 천천히……

그래, 그렇게.

맴~

맴~

잘 걷는 방법을 익히는 것도 중요하지만,

더 중요한 건……

바스락
바스락

응?

도시에서는 볼 수 없는
식물이나 곤충도 많단다.
걸으면서 두루두루 살펴보렴.

다람쥐다!

갑자

갑자

우아~!

아!

……

……

란이야,
어서 와!

괜찮으니까
천천히
건너면 돼!

단지 엄청
무섭다는 거!

그래,
좋아!

용기를
내야지!

아…….

나만 남았어!

나, 나도
건너야 해…….

다들 무사히
건넜으니까…….

조금 놀랐지만 괜찮아.

휴~

다행이다~!

란이야!

휴우~

괜찮아?

휙

이게 다 겁쟁이 허홍 때문······.

허홍!

에······.

어떻게 된 거야?

얼굴이 창백해.

부들 부들 부들

물 좀 마시면서 쉬면 괜찮아질 거야.

찰랑

고소 공포증이 있으면

미리 말을 했어야지.

흠칫

28

폐교
야영장

와아!

드디어 도착!!

다다다다

폐교잖아?

으스스한데?

흠.

찜! 여기가
우리 자리!

퉤 퉤 퉤

척

그만해!
더러워!

먼저 각 팀별로 마음에 드는 장소에
텐트를 치거라.

그리고 여학생이 둘이니,
너희는 한 텐트를 사용하렴.

아.

네.

우주야!
괜찮아?

꼬르륵...

넌 왜 여기서
얼쩡거리다
봉변이야?

나?

이런 힘든 일은
사나이의 힘이
필요하거든!
그래서......

됐거든.

내가......

도와주......

됐다고!

부탁하지도 않았는데 멋대로 도와주겠다는 건 우리의 권리를 침해하는 거야!

이건 우리가 해야 할 일이고, 우리 힘으로 할 수 있어.

흥!

어떻게 생각해?

그래, 우주야.

도움이 필요하면 부탁할게.

난 그냥

순수하게 도와주려고 한 것뿐인데……

훌쩍

횡…

너무 심한 거 아냐?

후훗

네 도움이 필요한 덴 따로 있는 것 같은데?

원소야, 여기 잡으면 돼?

자, 잠깐만!

꿍

꿍…

웬일로 원소 녀석이 저런 어설픈 모습을?!

헤헷

34

나 원 참~!
내가 없으면
아무것도
못한다니까!

푸하 하 하

지금 뭐 하는
거야?!

나 좀
꺼내 줘!

잔말 말고
좀 잡아.

힐끗

힐끗

잘난 척하더니
꼴좋다~.

잘난 척한 적
없거든?

좀
꺼내 주고
싸우지?

그냥 내버려 둬.

훗

움찔

아……. 

미안,
걱정이 돼서……. 

달칵

투닥

투닥

신경 쓰지 마.

남자애들은
싸우면서 우정을
키우거든.

스윽

응?

35

저 두 녀석
보이지?

처음엔 쟤들도
엄청나게 싸워 댔어.
성격도 다르고
생각도 다르니까.

더 당겨 묶어.

왜 나만 당하는
기분이 드는 거냐?

투덜대지
말고.

투덜

투덜

투덜

투덜

얼마나 유치한 일로
싸워 대던지.

내가 언제
투덜댔다고 그래?

지금 그게
투덜대는
거거든?

투덜의
정의가 뭔데?

구시렁

구시렁

구시렁

둘 다 정말
비호감이었다니까.

그럼 이제
친해진 거야?

글쎄, 지금도 열심히
싸우긴 하는데,

뭐랄까······.

그래!
숲을 이루고 있는
식물들 같아!

사아아..

광합성을 해야 하는 식물들은 처음엔 서로 햇빛과 땅을 차지하려고 다퉜을 거야.

하지만,

오랜 세월 같은 환경에 적응하면서 지금의 숲을 이루게 됐지.

마찬가지로 저 녀석들도 계속 다투지만…….

흠…

비켜! 너 때문에 햇빛을 쬘 수가 없잖아!

어쩌라고~.

내 뿌리 건드리지 마.

누가 할 소리!

나 이제 햇빛 별로야.

나도 네 덕분에 수분 증발이 적어서 좋아!

너 자꾸 말꼬리 잡을래?

앉았으니까 잔소리 좀 그만해서.

식물의 다툼…….

예전이랑은 확실히 달라.

지금은 나도 저 녀석들이 좋아졌고.

같은 환경…….

적응하고 변화한다……?

아…….

에이~!

나도 무슨 소리 하는지 모르겠다. 뭐 대충 그렇단 말이야.

아니야, 나도 알 것 같아.

그래?

37

# 실험 잎맥 책갈피 만들기

식물의 잎을 자세히 들여다보면 잎사귀 구석구석까지 잎맥이 퍼져 있습니다.
이 잎맥은 수분과 양분이 지나가는 통로로, 속씨식물은 크게 두 가지 모양의 잎맥을
가지고 있습니다. 목련이나 무궁화 같은 쌍떡잎식물은 그물 모양, 벼나 대나무 같은
외떡잎식물은 줄무늬 모양의 잎맥입니다. 식물이 가진 잎맥의 모양을 잘 살리면,
나만의 멋진 책갈피를 만들 수 있습니다.

**준비물** 다양한 식물의 잎 🍁, 수산화나트륨 용액 🧴 또는 세탁비누 🧼, 물 🍶
가열 기구 🔥, 냄비 🍲, 핀셋 ✏, 비커 🥛, 샬레 🍽, 칫솔 🪥, 신문지 📰,
액상 표백제(락스) 🧴, 잉크 🖋, 스포이트 🧪

❶ 곤충이 먹은 흔적이 없는
깨끗한 잎을 여러 장
채집합니다.

말풍선: 깨끗한 잎만 골라야지!

❷ 물과 수산화나트륨을 9대 1의 비율로
섞어 수용액을 만듭니다.

또는 물에 세탁비누 조각을 넣어
녹입니다. (세탁비누에는 수산화나트륨
성분이 포함되어 있습니다.)

❸ 수용액에 잎을 넣고 30분 정도 끓입니다.

❹ 핀셋으로 잎을 꺼낸 후 칫솔로 잎을 문질러 녹색 부분(잎몸)을 완전히 벗겨 냅니다.

❺ 물로 찌꺼기를 잘 씻어 내고 신문지를 이용해 물기를 없앱니다.

9 : 1

❻ 물과 액상 표백제를 9대 1의 비율로 섞어 만든 용액에 입맥만 남은 잎을 담궈 표백합니다.

❼ 물이 담긴 비커에 잉크를 진하게 풀고 잎맥을 염색한 후 신문지에 끼워 말립니다.

책갈피 완성!

짠~

❽ 말린 잎은 코팅한 후 모양대로 잘라 책갈피로 사용합니다.

## 왜 그럴까요?

식물을 이루고 있는 단백질 성분은 펩티드 결합과 수소 결합으로 이루어져
있습니다. 하지만 강한 염기성과 만나면 단백질이 녹아 결합의 일부 또는 전부가
끊어지게 됩니다. 그래서 강한 염기성인 수산화나트륨 수용액에 잎을 담그고 일정
시간 동안 가열하면, 잎의 세포 조직이 약해져 잎몸은 녹고 잎맥만 남는 것입니다.
잎맥은 잎몸에 비해 강한 결합력을 가지고 있지만, 수용액에 너무 오래 담궈 두면
잎맥까지 녹아서 실험을 실패할 수도 있습니다.

### TIP 잎의 구성 요소

잎은 잎몸, 잎자루, 턱잎의 세 부분으로 구성되어 있으며,
잎몸에는 물과 양분이 지나는 통로인 잎맥이 퍼져 있습니다.
잎몸은 녹색을 띠며 햇빛을 받기 쉽게 편평한 모양이고,
잎몸과 줄기를 연결하는 잎자루는 잎몸이 햇빛을 많이 받을
수 있도록 빛을 향해 비틀어지기도 합니다. 잎자루 아래 붙은
턱잎은 주로 어린잎을 보호합니다.

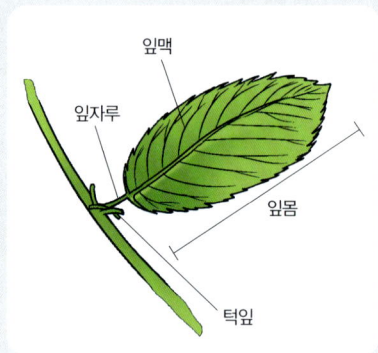

**잎의 구성 요소.**

### 잎맥의 종류

잎맥은 물과 양분을 전달하는 통로로, 물이 이동하는 물관과
양분이 이동하는 체관으로 구성되어 있습니다. 잎맥은 모양에
따라 나란히맥과 그물맥으로 나뉩니다. 옥수수나 강아지풀처럼 잎맥이 나란히맥인 것은 외떡잎식물이고,
장미나 봉선화처럼 잎맥이 그물맥인 것은 쌍떡잎식물입니다.

| 나란히맥 | 그물맥 |
|---|---|
|  |  |
| 잎자루의 끝에서 잎몸의 끝까지 일직선으로 나란히 배열되어 있는 잎맥으로, 강아지풀, 대나무, 자주달개비 등에서 관찰할 수 있다. | 주맥(중앙맥)을 중심으로 여러 맥이 뻗어 나와 그물 모양으로 배열되어 있는 잎맥으로, 개나리, 봉선화, 민들레 등에서 관찰할 수 있다. |

일단 넌 우리 문제에 끼어들지 마!

넌 식물도 채소도 아닌, 제3자니까!

휴이~

휴이~

왜~?

우리가 먹고 있는 채소나 과일도 처음에는 들이나 산에서 나는 식물이었어.

조, 수수

야것들도 먹을 수 있나?

한곳에 심으니 좋네!

그걸 사람들이 재배하면서 개량한 거지. 동물도 마찬가지고.

다 다 다 다

게 섯거라!

모아 놓으니 둥글~!

뭐?

꿀 꿀 꿀

그 얘긴 다시 말하면 여기에도…….

공짜 야생 시금치가 있다는 말?!

그래! 시금치를 찾는 거야!!

이번엔 뭘로 변신한 거야?

뽀빠이라고 옛날 만화 있어.

그러니까…….

49

우리는 비타민과 무기질이 풍부한 야생 식물을 구하러 가자고!!

육식은 살만 찌고 건강에도 안 좋을걸?

참~, 너희들 건강 조심해라!

보기 좋다고 독 있는 식물 따 와서 먹지 말고~!

무, 무슨 소리야. 식물에 독이 있다니, 농담이겠지?

농담 아니야. 독성이 있는 식물도 있어. 옛날에 임금이 내리던 사약에도 식물의 독을 사용하기도 했으니까.

사양 말고 사약을 들라!

사, 사약?!

우아~, 달래다!
뿌리 좀 봐,
엄청 커!

와

식물은 열매와
잎, 줄기뿐만
아니라, 뿌리까지
먹을 수 있으니
정말 소중하지!

아, 정말이네? 신기하다~.
분명히 뿌리처럼 땅속에
묻혀 있었는데!

그 부분은 뿌리가
아니라 줄기야.
그 아래에 달린 게
진짜 뿌리지.

땅속에 있는
줄기도 많아.

줄기

뿌리

야외 생물

채소는 사람이 먹는 부분에 따라
줄기채소, 뿌리채소,
열매채소로 나뉘는데,

달래는 감자나 양파처럼
줄기에 영양을 저장하는
줄기채소야.

아~, 달래도
줄기채소였구나!

줄기채소: 잎과 줄기를 이용해 영양소 저장.
배추   상추   감자   생강   양파

뿌리채소: 뿌리를 이용해 영양소 저장.
고구마   무   당근   인삼   도라지

열매채소: 열매를 이용해 영양소 저장.
사과   배   고추   가지   피망

호오~

줄기든 뿌리든 그런 건 중요하지 않아!
독이 있으면 어차피 못 먹으니까!

뭐?

독?

어디 보자~, 이건 어디에
독이 있나……

내가 캔 달래에
독이 있을 리
없잖아!

먹고 후회하는
것보다 확실히
해 두는 게
좋다고!

그만들 해.
그건 독이
없으니까.

파

난생 처음으로 산에 온 것 같은
네 말을 믿으라고?

어떻게
알았지?

도련님

식물에 왜 독이
있다고 생각해?

그야……

자기를 먹는
사람들을 골탕
먹이려고?

뒤적    뒤적

61

독이 있는 생물은 대부분 자기를 보호하기 위해서 아니야?

특히 이동하지 못하는 식물은 해충이나 동물의 공격을 피하기 어려우니까.

맞아.

굵적 굵적

독을 가진 생물들은 대부분 적에게 확실하게 경고를 하지.

독사나 독버섯이 화려한 색과 무늬로 적에게 경고하는 것처럼.

그럼 화려한 식물이 독초?!

일단 냄새를 맡아 봐. 먹을 수 있는 식물은 특유의 향긋한 냄새가 나지만, 독을 가진 식물은 역겨운 냄새로 경고할 거야.

굵적

굵적

스으...

소가 풀을 뜯기 전에 풀 냄새를 맡는 것도 그 때문이야.

그건 냄새가 어때?

음~ 메~

콩 콩

냄새 별로다. 먹지 말자!

거기다 독초는 대부분 쓴맛이 나는데, 인간의 혀는 쓴맛을 느끼는 감각이 발달되어 있지.

네놈이……, 날 독살하는구나.

스산...

스윽

스윽 스윽

어? 정말 이제 안 가려워.

헤~

게다가 우리는 이 식물들을 먹기 전에 선생님께 검사 받을 거잖아.

맞아, 모든 경우에는 예외가 있는 법이니까 철저히 해야지.

이러다가 독초 먹을 확률보다, 굶을 확률이 더 높겠다.

후후후

그렇다면 나도 먹음직스럽게 생긴 풀을 찾아볼까?

잡았다!

야외 생활

그 정도로 배가 차겠나?

이거면 충분해!

흠......

휘어어어어

됐어?

아니......

덜덜 덜덜덜

조금만 더......

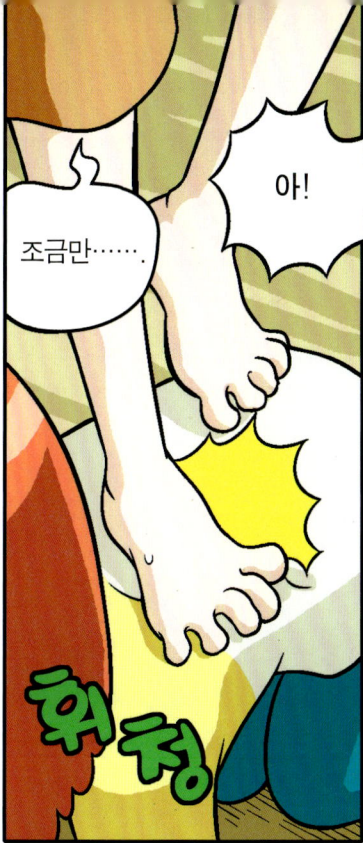

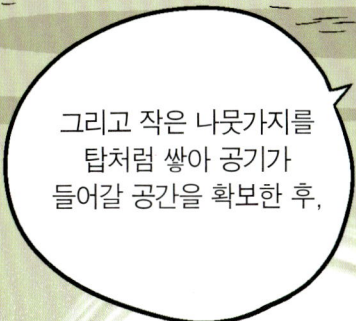

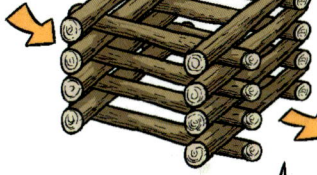

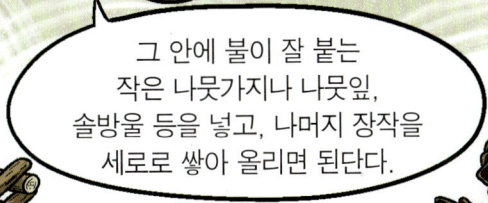

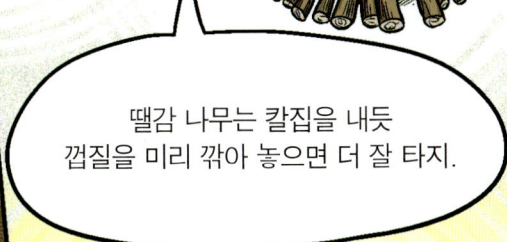

준비가 다 됐으면
이제 불을 피워 볼까?

성냥이나 라이터 없이
불을 피울 테니, 각자 앞에 놓인
재료를 확인하거라.

불 피울 재료

30~50cm 길이의
나뭇가지 2개

가죽끈

칼

홈 파인
나무토막

나무판자

먼저 나뭇가지 하나의
양 끝에 홈을 파는 거야.

홈 끝을
가죽끈으로
묶어 놓고,

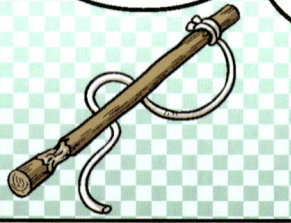

다른 나뭇가지의
끝을 뾰족하게
만들거라.

뾰족

이제 끈을 한쪽이 뾰족한
막대에 한 번 감아 활처럼
팽팽하게 당겨 묶으렴.

나무판자에는
칼로 V자
홈을 파고

사각

나무판자의 홈에 마른 잎을 넣으면 일단 준비는 끝!

이 다음엔 홈 파인 나무토막으로 나뭇가지를 고정시키듯 잡고, 활 나뭇가지를 나무판자의 홈에 끼우는 거지.

마른 잎

다 됐으면 이제…….

활을 좌우로 힘차게 계속 당겨 불꽃을 만드는 거다.

좋았어! 내게 맡겨!

탁

행동 대장 3인방

판이 자꾸 움직여.

삭

삭

사각

으으!

삭

잘 안 되잖아?

삭

삭

사각

삭

사각

삭

삭

사각

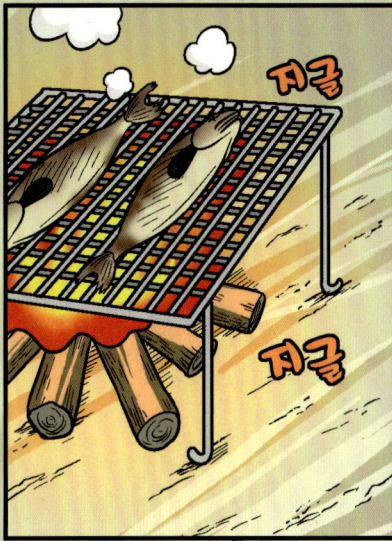

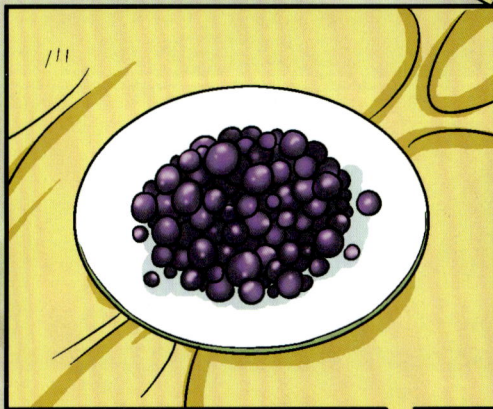

# 얀 잉엔하우스 (Jan Ingenhousz)

얀 잉엔하우스는 네덜란드의 의사이자 생물학자로, 빛이 식물의 호흡에 필수적이라는 사실을 알아내 식물의 광합성을 연구하는 데 중요한 기초를 세웠습니다. 18세기 이전까지 사람들은 식물에게 필요한 영양소가 모두 흙 속에 들어 있다고 믿었지만, 18세기 들어 시작된 여러 실험으로 식물이 자라는 데는 흙뿐만 아니라 물과 공기도 큰 영향을 미친다는 사실이 밝혀졌습니다. 1771년, 영국의 화학자 조지프 프리스틀리는 밀폐된 용기 안의 양초는 쉽게 꺼진다는 것을 발견했습니다. 또 여기에 쥐를 넣으면 쥐가 질식하지만 다시 식물을 넣어

**얀 잉엔하우스 (1730~1799)**
식물이 산소를 만들어 내는 데 빛이 꼭 필요하다는 것을 밝혀, 훗날 광합성 연구에 큰 기여를 했습니다.

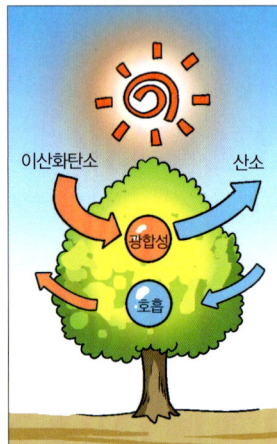

주면 쥐가 깨어나는 것을 보고, 식물이 해로운 공기를 깨끗하게 하는 능력이 있다는 결론을 내렸습니다. 이 해로운 공기와 신선한 공기는 훗날 이산화탄소와 산소로 밝혀졌습니다.

잉엔하우스는 프리스틀리의 실험을 발전시켜 쥐와 녹색 식물을 넣은 유리관을 하나는 빛이 드는 곳에, 다른 하나는 빛이 없는 곳에 두었습니다. 실험 결과 빛이 드는 곳의 유리관에 있는 생쥐만 살아남은 것을 보고, 빛이 생물을 살아가게 하는 기체(산소)를 발생시킨다는 사실을 밝혀냈습니다. 또한 빛이 없을 경우에는 이산화탄소를 배출한다는 사실도 알게 되었습니다. 이 작용이 바로 광합성과 호흡으로, 그의 연구는 훗날 광합성의 비밀을 밝히는 중요한 단서가 되었습니다.

낮에는 살고, 밤에는 죽네?!

이산화탄소　산소
광합성
호흡

이산화탄소　산소
호흡

낮에는 빛 에너지를 받아 광합성과 호흡이 모두 일어납니다.

빛이 없는 밤에는 호흡 작용만 일어납니다.

제3화

릴레이 실험 퀴즈 대결

문제지를 나눠 줄 테니 1번 주자는 모두 앞으로 나오너라.

참고로 문제는 모두 우리를 둘러싸고 있는 '식물'에 관한 거란다.

스윽

척

꿀꺽

척

1번 주자부터 차례대로 상자 속 내용물을 확인하고

문제지에 정답을 적어 다음 주자에게 넘기면, 마지막 주자가 모두 모아서 이 앞으로 가지고 나온다. 가장 먼저 도착하는 팀이 승리하는 거지.

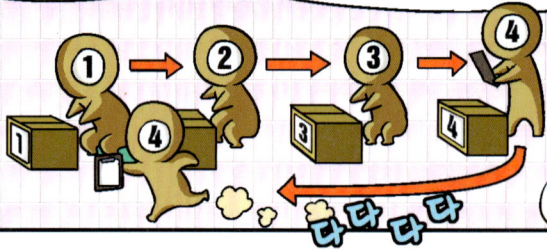

다다다다

뭣들 하고 있어?

어서 시작하지 않고!

아!

네!

움찔

짝 짝

스윽

빨리 빨리.

척

뿌리

잎

꽃

줄기

둥...

문제 1. 살레에 담긴 식물의 네 가지 기관을 두 종류로 나누시오.

〈정답〉

휙

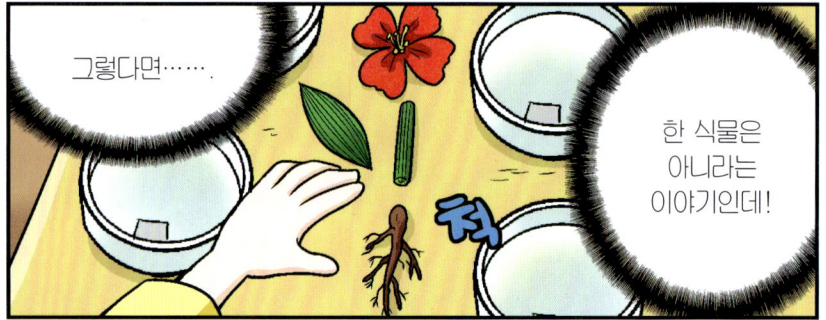

그럼…….

이 잎은 잎맥이 평행하니까, 나란히맥이야!

잎은 잎맥이 퍼진 모양에 따라 두 가지로 나눌 수 있어.

나란히맥

그물맥

이건 곧은뿌리네?

곧은뿌리

그물맥

쌍떡잎식물

쌍떡잎식물이 곧은뿌리에 그물맥 구조를 띠는데…….

외떡잎식물

그래. 맞아! 수염뿌리에 나란히맥을 가진 식물은 외떡잎식물이야!

나란히맥

수염뿌리

척

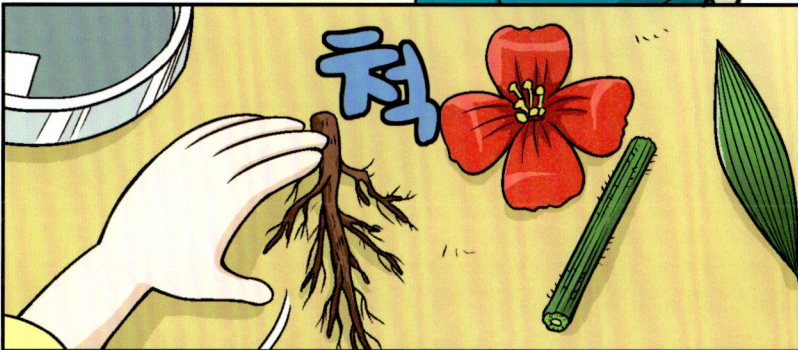

그럼 외떡잎식물과 쌍떡잎식물로 나뉘는 건가?

그럼 이 줄기는…….

스윽

확인해 보자!

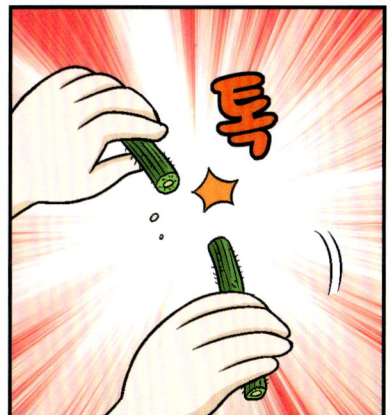

톡

93

등

역시…….

외떡잎식물의 줄기는 관다발이 불규칙하게 흩어져 있는데.

이 줄기는 관다발이 형성층에 규칙적으로 배열되어 있으니까 쌍떡잎식물이야!

쌍떡잎식물과 외떡잎식물로 나누는 거야!

〈쌍떡잎식물의 줄기〉

관다발          형성층

관다발이 형성층을 따라 규칙적으로 배열되어 있다.

〈외떡잎식물의 줄기〉

관다발

관다발이 불규칙적으로 흩어져 있다.

마지막으로

꽃은…….

외떡잎식물의 꽃잎은 3의 배수이고. 쌍떡잎식물의 꽃잎은 4나 5의 배수니까…….

꽃잎의 수를 세어 보면 알 수 있어!

하나, 둘, 셋, 넷!

쌍떡잎식물이야!!

네 가지 기관은 두 종류로 나눌 수 있어!

뿌리

줄기

꽃

쌍떡잎식물

잎

외떡잎식물

문제 1. 살레에 담긴 식물 네 가지 기관을 두 종류로 나누시오.

〈정답〉

꽃, 줄기, 뿌리는 쌍떡잎식물이고 잎은 외떡잎식물입니다.

벌떡

사각

사각

서둘러!

파이팅~

후다닥

란이야, 빨리…….

아.

안절부절

2

3

문제 2. 투석 튜브에 담긴 녹말 용액을 요오드화칼륨 용액 속에 넣었을 때 생기는 현상을 관찰하고, 식물의 기관 중 이 현상이 일어나는 기관을 적으시오.

〈정답〉

녹말 용액이 담긴
투석 튜브를…….

요오드화칼륨
용액에 담그고…….

쑥

음~

관찰하라고?

그런데…….

이 비닐같이
생긴 게
투석 튜브?

반~

투석 튜브가
뭐지?

선생님!

투석 튜브라는 게
뭐예요?

아!

투석 튜브는
반투막 기능을
가진 재료란다.

반투막

반투막은 작은 분자는
자유롭게 투과되지만,
큰 분자는 투과하지
못하는 막이야.

97

98

맞아, 그때 지시약 실험에서 본 적 있어!

염기성 용액과 BTB 용액이 만나면 청남색이 되고,

🧪 + 🧪 → 🧪

산성 용액과 메틸 오렌지가 만나면 붉은색!

🧪 + 🧪 → 🧪

요오드화칼륨 용액이 녹말을 만나면, 보라색!

🧪 + 🧪 → 🧪

역시 보라색으로 변했어!

그런데 비커 속 용액 색깔은 그대로인데 투석 튜브의 색깔만 변했네.

투석 튜브는 반투막 재질이라 큰 입자는 통과할 수 없댔어.

그럼 녹말 분자가 커서 외부로 통과하지 못한 거구나.

그런데 이 반응이 식물과 무슨 관련이 있다는 거지?

2

꿍···

벌 떡

99

아! 예전에 초롱이에게 주려고 만들었던 두 가지 색깔의 장미!

그때는 행복했는데…….

식물의 뿌리가 땅속의 물을 빨아들이는 원리와 달리,

흰 장미의 줄기를 나누어 각각 다른 색깔의 식용 색소에 담그면,

색소의 물을 흡수한 장미가 두 가지 색깔로 변했지!

하지만 장미를 뿌리째 담겼을 때는 장미의 색깔이 그대로였어.

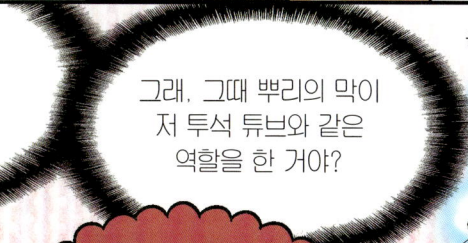

그래. 그때 뿌리의 막이 저 투석 튜브와 같은 역할을 한 거야?

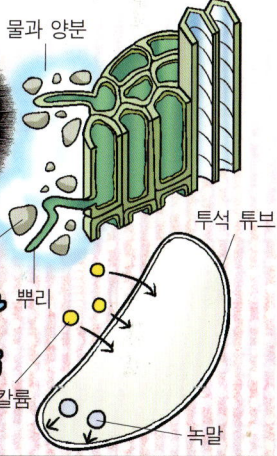

물과 양분

흙

뿌리

투석 튜브

요오드화칼륨

녹말

식물의 모든 기관이 물을 흡수할 수는 있지만,

물과 영양분을 선택적으로 흡수하는 기관은 바로……!

쩔쩔매는 녀석들이 안쓰러워서 내가 한 수 가르쳐 줬지!

감사 인사는 사양하겠어!

……

……

피식

척

짐은 관대하도다

텅…

?

상자가 왜 비어 있지? 대체 문제가 뭔데…….

스윽

쿵…

헉!

# 우리 생활 속 식물

현재 지구 생명의 99%를 차지하고 있는 것은 바로 식물입니다. 대부분의 동물이 식물이 만들어 내는 공기로 숨을 쉬고, 또 식물을 먹이로 살아가는 동물들도 많습니다. 사람 역시 식물의 도움으로 숨을 쉬고 곡물과 채소, 과일 등을 먹으며 살아가지요. 이 밖에도 식물은 우리 생활 곳곳에서 사용되고 있습니다.

## 병 치료하기

인류는 아주 오래전부터 병을 치료하는 데 식물을 이용하였습니다. 디기탈리스는 심장병과 고혈압 등에 효과가 있다는 것이 알려지면서 심장을 진정시켜 주는 강심제 성분으로 이용되었고, 버드나무 껍질 속의 아스피린 성분은 열을 내리고 염증을 억제시키는 약으로 만들어졌습니다.
또 화려한 꽃으로 사람들을 유혹하는

디기탈리스 잎에서 추출된 디기톡신과 디곡신 성분이 심장병을 완화하는 효과가 있다.

양귀비는 열매 속의 모르핀 성분이 고통을 줄여 주는 진통 효과가 있어, 병원에서 치료용으로 사용되기도 합니다. 이 밖에도 비자나무, 잣, 대추, 은행, 살구 같은 식물의 씨와 열매도 병을 치료하는 데 이용되고 있습니다.

목화 목화의 열매인 삭과가 익으면 여러 개의 갈래로 터지면서 흰 솜털이 드러난다.

## 옷감 만들기

식물은 오래전부터 옷감으로 사용되었는데 목화와 삼, 모시풀 등이 대표적인 식물입니다. 이 중 기원전 3천 년경 인더스 문명에서부터 목화솜을 이용해 만들기 시작한 면섬유는 피부에 자극을 주지 않고 수분을 잘 흡수해, 의복뿐만 아니라 침구류 등에 두루 쓰입니다. 또 마의 줄기나 껍질에서 뽑아낸 마섬유는 통기성이 좋아 서늘한 느낌을 주어, 여름 의복에 사용되고 있습니다.

## 고무나무

전선을 감싸는 피복이나 자동차의
타이어, 간식으로 먹는 껌은 모두 고무를
이용하여 만든 것입니다.
힘을 주어 늘리면 늘어나고 힘을 멈추면
다시 원래의 상태로 돌아가는 고무의
특성은 산업이 발전하면서 여러 기기의
부품 등에 적극적으로 이용되었고,
오늘날은 천연고무의 높은 탄성과 강도를
갖도록 만든 합성 고무까지 널리 사용되고
있습니다.

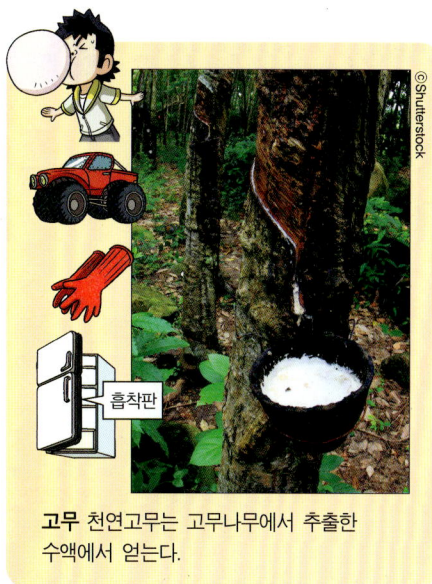

흡착판

**고무** 천연고무는 고무나무에서 추출한
수액에서 얻는다.

## 종이 만들기

우리가 지금 보고 있는 책과 공책을 만드는 종이 역시 식물로 만들어집니다. 고대
이집트에서는 파피루스라는 식물의 줄기를 엮어 만든 종이를 사용했으며, 105년
중국의 채륜은 나무껍질과 삼 등을 한데 짓이기고 평평하게 눌러 말린 최초의 현대식
종이를 발명했습니다. 이후 18세기에 이르러 유럽에서는 나무에서 바로 종이를
만드는 연구를 본격적으로 시작하여, 거대한 제지 공장에서 종이를 생산하게 됩니다.
오늘날 우리가 쉽게 책을 사 보고 언제든지 글을 적을 수 있는 것은 모두 나무를
이용해 만든 종이 덕분입니다.

**1. 벌목** 종이 만드는 데
쓰일 나무를 벤다.

**2. 건조** 나무껍질을 벗긴 후
일정 기간 건조한다.

**3. 쇄목** 나무를
쇄목기에 넣어
죽처럼 갈아
원료로 만든다.

**4. 펄프 제조**
죽처럼 간 상태에
화학 처리를 하여
섬유화한다.

**5. 종이뜨기**
펄프를 압착,
건조시킨 후
광택 과정을
거쳐 종이로 만든다.

**6. 여러 가지 제품**
종이를 활용해 책 등
다양한 제품을 생산한다.

종이 만드는 과정.

# 제4화

# 검은 그림자의 정체

1등 상품은 뭐야?
우린 나침반인데.

우린 망원경.

어?

전파가 안 잡혀.

저기!

응?

대형 지도라…….
3등 상품도 괜찮은데?
우리가 있는 곳이
이쯤인가?

응, 응.

오늘의 주인공은
어디 갔냐?
아까부터 안 보이네.
놀려 주고 싶어서
입이 근질근질한데.

캬 캬
캬

나와라!
화석이 된
슈퍼맨!!

글쎄…….

너무 창피한 나머지 아무도 없는 곳으로……

사아아아…

저벅 저벅

서, 설마……

세수하러 간 거 아닐까?

훌쩍 훌쩍

세수하고 싶어.

히히

풋!

…….

그거 다 지우려면 한참 걸릴 거야~.

그렇기도 하겠다.

스윽

키득 키득 키득

안개가 짙네.

스스스스…

어푸
어푸

후아~!

뚝··
뚝

그래!

벌떡

하하

씻겨 내려간
진흙과 함께
나의 창피함도
씻는 거야!

주르륵

이제 남은 기간 동안
최대한 나의 위대한
모습을 부각시켜,
지금까지와는
다른 인상을
심어 줄 테다!

이것이 바로
새옹치마!

저벅
저벅

파사삭

멈칫

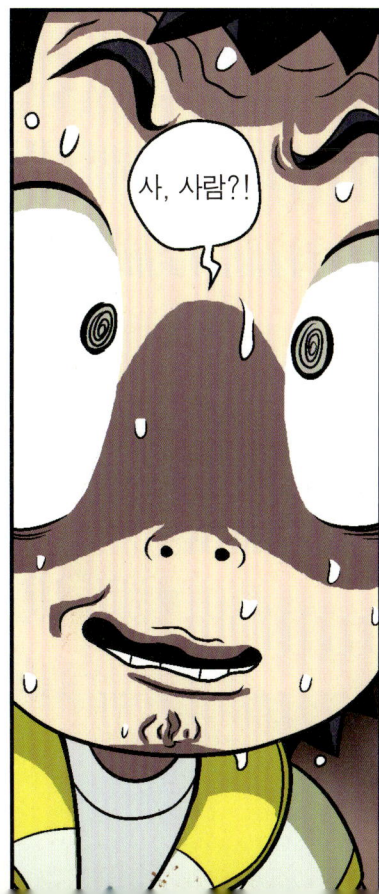

ㅅㅅㅅㅅ

하, 하지만? 장난치지 마!

두근 두근 두근 두근

설마 귀. 귀신?

덜덜덜덜덜

설마 우리한테 억울한 한을 풀어 달라고?!

귀신?!

내, 내가 방금 귀신이랬어?

두근 두근 두근

내 앞에 왜 나타난 거야?!

범우주, 정신 바짝 차려야 돼.

가, 가까이 오지 마!

ㅅㅅㅅㅅ

덜덜 덜덜덜

하, 하나도 안 무섭거든?

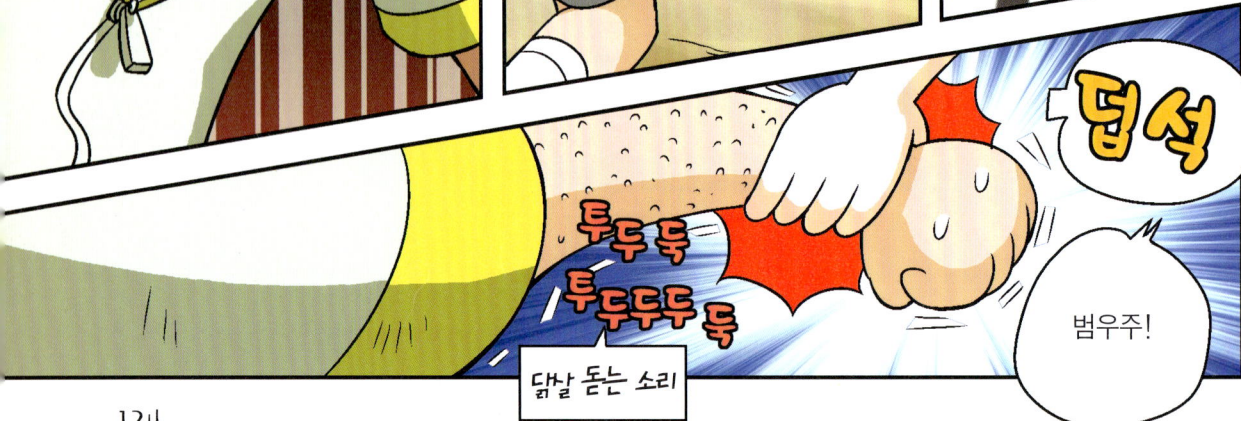

이거 놔!

내 이름까지 알고 있어?!

누가 당할 줄 알고?

더는 못 참아! 좋은 말로 할 때 사라지라고!

그럴 생각이 아니라면…….

덤벼!

나야…….

한판 붙어 보자고!

어?

에릭?

혹시 그 빛이 무지개 색깔에 둥근 고리 모양이었어?

맞아! 머리 주위에 무지개 색 광채가…….

어떻게 알았어?

너도 귀신을 만난 거야?

그건 귀신이 아니라…….

꿀꺽‥

'브로켄 요괴' 야.

뭐?

말투를 보니 에릭이 맞군.

브로켄 요괴? 귀신이 아니라 요괴?

흥~

주로 아침이나 해 질 녘 안개가 자욱한 산속에서 볼 수 있는데,

사람의 뒤에서 비친 태양광이 안개의 미립자에 부딪혀 일어나는 일종의 대기 광학 현상이지.

약 10m 두께

그림자가 크게 보였던 건 빛 때문에 분산되고 회절되며 약 10m 두께로 그림자가 겹쳐져 보이기 때문이야.

그럼 아까 그게 내 그림자였다고?

ㅅㅅㅅ ㅅ

그래, 이 현상이 처음 발견된 곳이 독일의 브로켄 산이었어.

가까이 오지 마!

으아 악

취청

스물 스물

당시 이 현상 때문에 사고를 당하는 등산객들이 많아서 '브로켄 요괴'라는 이름이 붙었지.

아…….

그럼…….

지금까지 우리가 본 게…….

모두 대기 광학 현상이었단 말이야?

아니.

너희가 봤던 건 대기 광학 현상도, 귀신도 아니야.

둥

사람?!

진짜 사람이지!

천재원?!

......

후...

캠프에서 개인 행동을 하다니!
이건 명백한 규칙 위반이야!

척

끄덕

그 규칙은
이 캠프
참가자들의
규칙이겠죠?

아시다시피 저희 학교는
캠프에 참가하지 않았고
본선까지는 자유 일정이니,
그 규칙은 제게
적용되지 않습니다.

그, 그래도!

스윽

우물
쭈물

그보다 제가 모습을 드러낸 것은,

저의 존재를 눈치챈 에릭 님께 경의를 표하기 위해서입니다.

그러게, 에릭은 일찌감치 알고 있었나 봐!

어떻게 안 거지?

눈치챈 게 아니라,

단서를 보고 추리한 거야.

나원~

눈치건 추리건 잘난 척 그만하고,

어떻게 알았는지나 말해 봐!

동감이야.

오늘 낮에 너희가 뭔가를 봤다는 그 자리에 풀이 눌려 있었어.

숯가루가 떨어져 있고, 물에 젖은 자국도 있었지.

그런 게 있었어?

글쎄.

웬만하면 모른 척해 주려고 했는데,

점점 공포 캠프가 되어 가는 것 같아서……

제가 방심했군요.

놀라셨다면 사과 드립니다.

꾸벅

덥석

누, 누가 함부로 신체 접촉을……

괜찮아!

너도 정말 이 캠프에 오고 싶었구나!

그런데 반원들이 안 도와준 거지?

걱정 마! 우리 텐트에서 같이 지내면 돼! 팬티도 빌려 줄게!

스킨십 허용치 초과!!

쿡!

뭔가 크게 착각을 하셨군요.

착각이라고?

전 캠프에 참여하러 온 게 아닙니다.

제가 이곳에 온 목적은……

실험 대결에서 승리하기 위해서죠.

뭐?

실험 대결에서…….

승리하기 위해……?

누구 맘대로?

137

본선까지 올라온 실험반의 실력은 대부분 비슷합니다.

휘이이이이···

이제부터 중요한 건 집중력이죠! 한순간의 실수로도 무너질 수 있거든요.

흔들

흐흐흐흐

상대가 흔들리는 그 순간!

바로 그 순간을 기회로 잡아야 이길 수 있습니다!

쨍그랑··

꽈악···

그러려면 상대를 파악해야 하죠.

뭐야, 너!

한마디로 우리 약점 잡으러 염탐 왔다는 거야?

버럭

꾸벅

그 점에 대해서는 할 말이 없습니다.

그런 거라면 캠프에 참여해서 알아 가면 되지,

왜 사서 고생을 하나?

스윽

그 점에 대해서는 할 말이 있습니다.

'함께' 는 위험한 단어입니다.

함께하면 자신의 흐름을 잊고 상대에게 쉽게 동화되거든요.

양보하고 희생하며 상대에게 맞춰 가면서 자신을 변화시키죠.

깜짝이야! 가, 갑자기 또 왜?!

이보게, 친구. 난 알아 버렸네

그렇게 조화를 이루다 보면,

판단력을 잃고 상대에게 의지하게 됩니다.

응! 충분할 것 같아!

그만 돌아가자!

그런 식으로 상대방에게 동요하게 되면 곤란합니다!

좀 멀긴 했지만 운이 좋았어.

아까 동시에 이 머루를 봤으니 말이야.

란이야, 이건 네 거!

머루 같이 먹자.

지금 우리는 서로를 쓰러뜨려야 하는 적이니까요!!

뭐?

후우우우 우...

적이라고?

말도 안 돼!
우리는 모두 실험을
좋아하는 친구야!

우정의
크로스~

맞아! 나도 같은
생각이야!

척!

끄덕 끄덕

그렇게 생각하는
분들도 분명히
있을 겁니다.
하지만……

제 말에
공감하는 분들도
있을 텐데요.

그렇지 않습니까,
에릭 님?

후…

에릭?

스윽..

물론 강원소 님도
마찬가지고요.

강원소도?

# 식물의 줄기 단면 관찰하기

## 실험 보고서

| | |
|---|---|
| **실험 주제** | 장미 줄기와 백합 줄기의 단면 구조를 관찰하고, 쌍떡잎식물과 외떡잎식물 줄기의 차이를 알아봅시다. |
| **준비물** | ❶ 현미경 ❷ 증류수 ❸ 붉은색 포스터컬러 ❹ 삼각 플라스크 ❺ 스포이트 ❻ 핀셋 ❼ 면도칼 ❽ 슬라이드 글라스 2개 ❾ 커버 글라스 2개 ❿ 장미 줄기(또는 다른 쌍떡잎식물의 줄기) ⓫ 백합 줄기(또는 다른 외떡잎식물의 줄기) ⓬ 아크릴판 |
| **실험 예상** | 쌍떡잎식물인 장미 줄기와 외떡잎식물인 백합 줄기의 단면 모양이 다르게 관찰될 것입니다. |
| **주의 사항** | ❶ 면도칼을 사용할 때는 베이지 않게 조심합니다. ❷ 커버 글라스를 덮을 때 공기 방울이 생기지 않도록 한쪽에서부터 천천히 덮습니다. |

❶ 붉은색 포스터컬러를 섞은 물에 장미 줄기와 백합 줄기를 넣고 세 시간 정도 염색시킵니다.

❷ 면도칼로 염색된 장미 줄기와 백합 줄기를 가로로 얇게 자릅니다.

❸ 슬라이드 글라스 위에 줄기 조각을 각각 올려놓은 다음 스포이트로 증류수를 한 방울씩 떨어뜨립니다.

❹ 핀셋으로 조심히 커버 글라스를 덮어 프레파라트를 완성합니다.

❺ 두 줄기의 가로 면으로 만든 프레파라트를 차례로 현미경에 올려서 관찰합니다.

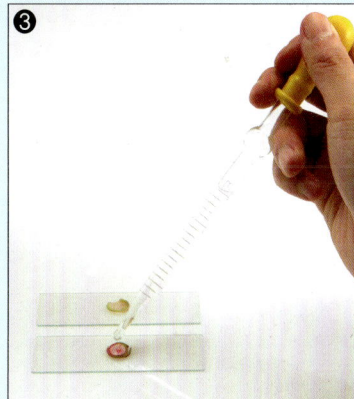

## 실험 결과

쌍떡잎식물인 장미 줄기의 관다발은 표피 둘레를 따라 고리 모양으로 일정하게 늘어선 반면, 외떡잎식물인 백합 줄기의 관다발은 줄기 전체에 불규칙적으로 고루 퍼져 있습니다.

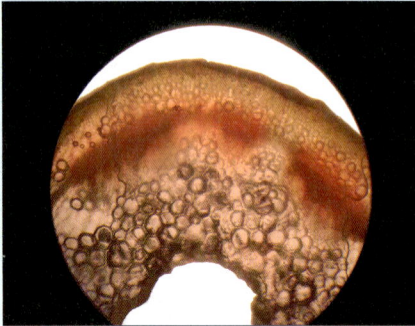

<장미 줄기의 관다발>

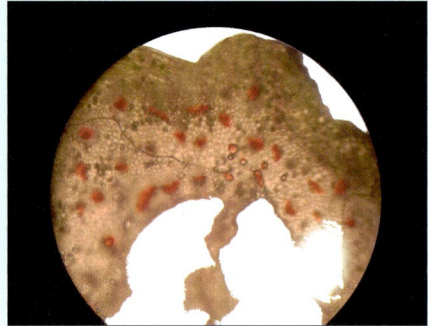

<백합 줄기의 관다발>

### 왜 그럴까요?

식물의 줄기에는 뿌리에서 빨아올린 물이 지나가는 물관과 잎에서 만들어진 양분이 지나가는 체관이 있습니다. 이 물관과 체관이 여러 개 모여 있는 것을 관다발이라고 합니다. 쌍떡잎식물과 외떡잎식물은 모두 줄기에 이러한 관다발을 가지고 있지만, 쌍떡잎식물에는 외떡잎식물에 없는 형성층이 있습니다.

형성층은 물관과 체관 사이에 위치한 분열 조직으로, 세포 분열이 일어나 줄기를 굵게 만드는 역할을 합니다. 쌍떡잎식물의 관다발은 이 형성층을 따라 둥글고 일정하게 규칙적으로 배열되어 있지만, 형성층이 없는 외떡잎식물의 관다발은 불규칙적으로 배열되어 있습니다.

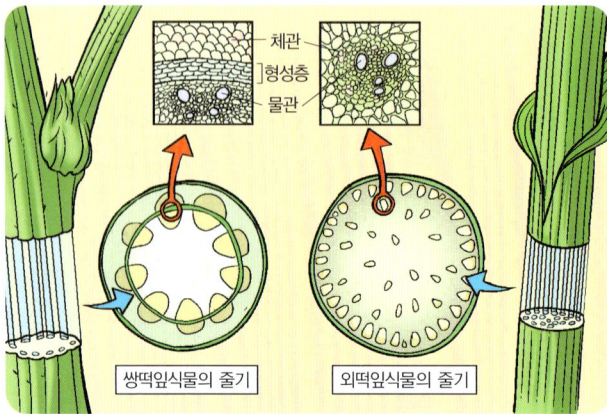

쌍떡잎식물과 외떡잎식물의 줄기 구조 비교.

동물과 식물의 결합 프로젝트

토마토 뿌리에 감자 잎을 가진 식물 연구를 성공한 데 힘입어……

그게 성공한 거였어요?

후 후

감자 잎

토마토 뿌리

동물 세포와 식물 세포를 결합시킨

두둥

동물 장미 완성!

그냥 장미 아니에요?

일반 장미는 광합성으로 영양을 공급 받아 꽃이 피지만,

콩 콩

이 장미는 소화 과정을 거친 후에……

뿡~

방귀를 뀌지!

헉!

동물과 식물은 세포막을 가진 진핵 세포로 이루어져 있습니다. 하지만 구성 성분이 조금 다릅니다.

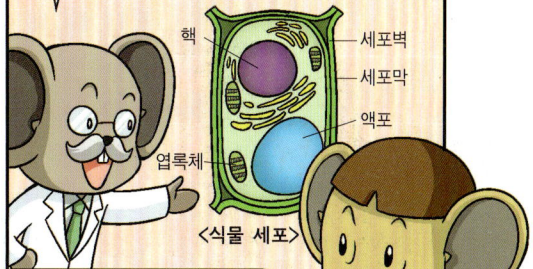

핵

세포벽

세포막

액포

엽록체

〈식물 세포〉

식물 세포에는 동물 세포에 없는 엽록체와 세포벽이 있습니다.

엽록체  세포벽

세포막

셀룰로오스

엽록체는 광합성을 통해 양분을 공급하고, 셀룰로오스로 이루어진 세포벽은 세포를 보호하고 모양을 유지합니다.

동물 세포에는 식물 세포에 없는 세포 분열에 관여하는 중심체라는 기관이 있습니다.

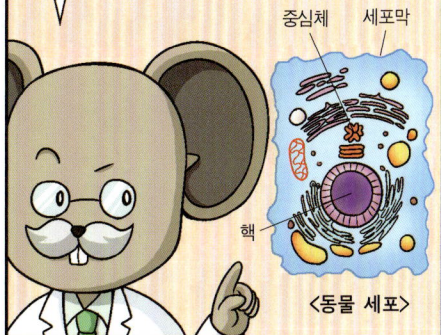

중심체  세포막

핵

〈동물 세포〉

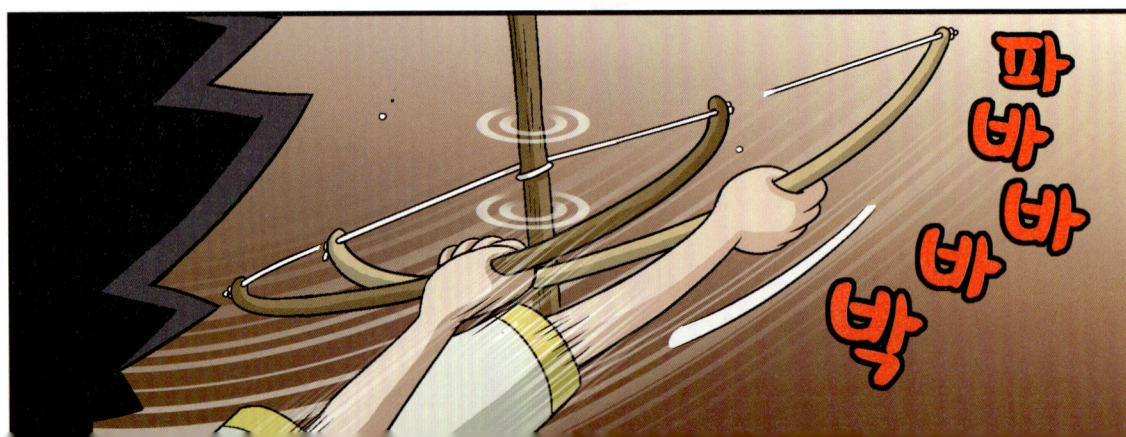

불이 붙으면 불씨를 이곳으로 옮겨 오너라.

이건 선물…….

하하…

파바바 바 바박

훅

훅

화 악

스오오오

아주 열심이네! 그것도 혼자서…….

하하…

화르르르

후우우욱

화르륵

이런 건 다 같이 해야 재밌는 건데…….

활 활 활

흠!!

저벅 저벅

그런가 본데요?

애들끼리 무슨 일 있었나?

다들 별 생각이 없나 봐. 너무 썰렁한 거 아냐?

썰렁~

이해해. 다들 천재원이 한 말 때문에 충격이 클 거야.

뭐? 충격?!

털썩

활 활

같이 할 거 아니면 너도 가 버려!

나 혼자서라도 캠프파이어는 꼭 할 거니까!!

누구보다 충격이 큰 건 나라고!

그 녀석이 마지막에 한 말, 너도 들었지?

쿠윽...

참, 범우주 님.
좀 전에 제가
잠시 이성을 잃고
뛰어나올 뻔했는데

나쁜 일이 있으면
또 좋은 일도 있다는 뜻의
고사성어는 '새옹치마'가
아니라 '새옹지마'입니다.

그까짓 일로
공개 망신을
주다니!

이제 놀랍지도
않군~.

띵~

새옹치마?

풋

키득

키득

굴욕...

뭐…….

틀린 말 한 거
하나 없구먼.

라이도
웃었다고!

일거양득!
하나를 보면
열을 안다고
절대 용서 못해!

하아아

우, 우주야…….
그냥 고사성어
쓰지 마…….

모두 엉터리는
아니야.

모두 그 녀석 말이
맞다고 착각할지도
모르지만,
난 아니야!

우린 모두 실험이라는
이름으로 함께하는
친구라고! 그 녀석 말은
다 엉터리야!!

뭐?

쳇…

넌 그런 말 할 자격 없어!

강원소!

쳇

타닥··

탁··

너도 그 녀석이랑 똑같으니까!

스윽

똑같다고?

그래!! 너와 허홍, 그리고 에릭까지

모두 천재원이랑 똑같아!

흥!

네 말대로라면,

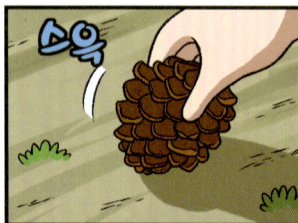

두리번

스윽

이 소나무의 솔방울과 고사리도 똑같겠네?

둘 다 식물이니까!

톡··

?

척

뭐, 그렇겠네!
크기나 모양만
다를 뿐,

두 식물이
살아가는
방법은
똑같으니까!

그건 인간인
너와 나도 똑같아.

잎에서
광합성이
일어나고,

줄기를 통해
물과 양분이
전달되고,

뿌리로는
물과 양분을
흡수하잖아!

음식을
섭취하고

소화와
흡수로
에너지를
얻은 후,

찌꺼기는
배설하지!

그,
그건……

끙…

이 두 식물은
큰 차이점이 있어.

바로
번식 방법!

버, 번식… 방법?

그래, 대부분의 식물은
꽃을 피워서 씨앗으로 번식하지.
이런 종류를 종자식물이라고 불러.

〈종자식물의 구조〉

꽃잎

암술

수술

꽃받침

꽃을 피우고 꽃 속의
암술과 수술이 만나서 수정하여
씨앗을 만들어 내지.

이때 암술의 밑씨가
씨방 안에 싸여 있느냐,
싸여 있지
않느냐에 따라,

다시 속씨식물과
겉씨식물로
나뉘어.

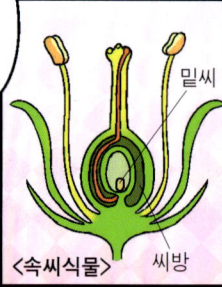

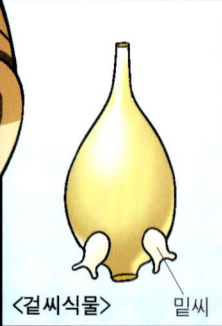

밑씨

<속씨식물>

씨방

사과

포도

옥수수

장미

<겉씨식물>

밑씨

잣나무

은행나무

소나무

또 수술의 꽃가루가
암술머리에 닿는
수분 방법에 따라,

한 그루의 식물 안에서
수분하는 자가 수분과
다른 식물 개체와 수분하는
타가 수분으로 나뉘지.

<자가 수분>

자화 수분 : 강낭콩이나 벼처럼 한 꽃에서
일어나는 수분.

타화 수분 : 한 식물에 피어 있는 서로 다른
꽃에서 일어나는 수분.

<타가 수분>

충매화 : 곤충에 의한 수분.
(분꽃, 호박꽃, 개나리 등)

풍매화 : 바람에 의한 수분.
(벼, 보리, 밀 등)

수매화 : 물에 의한 수분.
(나사말, 붕어마름 등)

조매화 : 새에 의한 수분
(바나나, 선인장 등)

그렇게 만들어진 씨앗은,

열매를 먹은 동물의 배설물로 이동하거나,

머루

버찌

바람을 타고 날아가거나

단풍나무

민들레

억새

스스로 꼬투리를 터뜨리거나

콩, 팥

제비꽃

봉선화

최대한 먼 곳까지 번식하기 위해

동물이나 사람의 몸에 붙어서 이동하지.

도꼬마리

도깨비고비

쇠무릎

다양한 방법으로 이동하지.

또 물을 타고 이동하거나,

부레옥잠

야자

연꽃

나무 밑으로 씨앗이 떨어지기도 해!

도토리

밤

호두

스 윽

식물의 번식 방법은 정말 다양하구나!

꿀 꺽‥

무슨 재미난 얘기를 하는 거야?

살아남기 위해 식물이 그렇게 머리를 많이 쓰는지 몰랐네.

에헴

어슬렁

어슬렁

155

그게 다가 아니야!

뭐? 저것 말고도 더 있다는 거야?!

이 고사리는 꽃이 피지 않는 민꽃식물이야. 그래서 씨앗을 만들 수 없지.

스윽

그러고 보니 고사리 꽃은 본 적이 없어!!

그럼 어떻게……

이런 민꽃식물은

균류나 조류, 선태식물처럼 포자 번식을 이용해.

**포자 번식**

**양치식물** 관다발 식물로, 꽃이 피지 않고 포자로 번식한다.

고사리

고비

**선태식물** 광합성을 하지만 뿌리, 줄기, 잎의 구분이 뚜렷하지 않고 암수 구분이 없다.

이끼류

**조류** 물속에 살며 광합성을 한다.

미역

다시마

**균류** 광합성을 하지 못해 다른 유기물에 기생하여 살아간다.

곰팡이류

버섯류

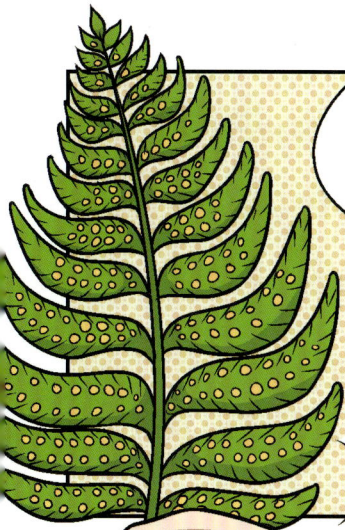

고사리의 잎을 뒤집으면
홀씨 주머니가 보이지?

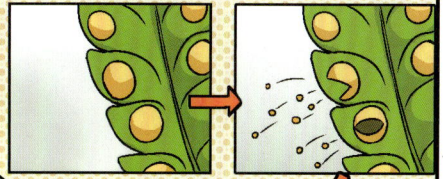

여기서 홀씨가 나와
공기 중에 떠다니다가,
조건이 맞는 자리에 정착해
싹을 틔우는 거야!

이 홀씨 덕분에
고사리는 꽃이 없어도
번식할 수 있지!

와…

민꽃식물의
포자 번식까지……,
식물의 번식 방법은
정말 다양하구나.

이게 끝이 아니야!

뭐?
번식 방법이
또 있다고?!

헉

잎이나 줄기, 뿌리 같은
영양 기관으로 번식하는
영양 생식도 있지.

영양 생식?!

고구마는 뿌리에서 나온 줄기로 번식하고,

딸기는 줄기를 뻗으면, 그 줄기가 땅에 뿌리를 내려서 번식해.

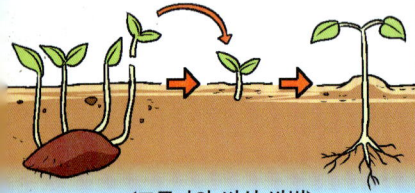

<고구마의 번식 방법>

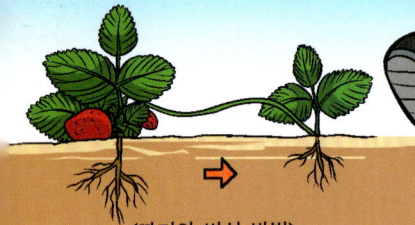

<딸기의 번식 방법>

고구마는 뿌리로, 딸기는 줄기로 번식한다고?

쿡···

그러고 보니 줄기에서 싹이 나서 번식하는 감자를 본 적 있어!

식물은 모두 씨앗으로 번식하는 줄로만 알았는데······.

헉···

저렇게 다양한 방법으로 번식을 하다니. 식물은 지구가 어떤 환경이 되어도 반드시 살아남을 거야!!

아차. 이게 아니지!

아차차···

그, 그래서?!

네 말은 소나무와 고사리의 번식 방법이 서로 다르니까, 다른 부류라는 거야?

살아남는 방법이 다른 건
삶의 형태가 다르다는 거니까.

물론이야!

하지만 내가
하고 싶은 말은
따로 있어.

훗!

그게 뭔데?

침엽수를 대표하는
겉씨식물인 소나무,
양치식물을 대표하는
민꽃식물인 고사리!

이 두 식물은
5억만 년 전부터
지금까지 서로 다른
번식 방법으로
살아남았어.

하지만 이 중에서
어떤 방식이 옳고,
다른 방식은 그르다고
말할 수 있을까?

살아남기 위해
서로 다른 방법을
선택한 식물들······.

누가 옳고,
누가 그르냐고?!

우리는
모두 친구야!

당연히······!

아뇨, 모두가
적입니다.

만약 모든 식물이
같은 방법으로
살아남으려고 했다면,

모두 멸종했거나
몇몇 종류의 식물만
지구에 가득했겠지.

식물들처럼 우리도 모두
자신만의 방법으로
최선을 다하는 것뿐이야!

그러니까 그 녀석 말에
무조건 따라야 하는 것도,
틀렸다고 무시할 것도
아니야.

너부터 이 범우주 님의 천재성을 존중하라고~!

좋아, 강원소!

네 말대로라면, 너부터 해 봐!

뭘?!

앙~?

......

피식

봤지? 봤지? 독자들 못 보게 등지고 비웃는 거!

너희가 증인이야!!

나도 기분 나쁜걸?

툭

투둑

어?

무슨 소리지?

하암~, 잘 잤다!

여기도 살아남기 짱들이 있군. 설거지 안 해 줬다고 꿈에까지 나오다니!

엥?

애들아, 이것 좀 봐~!
어제 남긴 팝콘이
모두 사라졌어!

텅~    텅~

어이~, 허홍!
팝콘 맛있었나?

씨 억

움 찔

지금
무슨 소리
하는 거야?

내가 그걸
왜 먹어?!

버럭

그냥 어제
먹지 그랬어?

탁 탁

탁 탁

좀 눅눅해져서
어제보단
별로였을 텐데~.

에이, 발뺌은~.
냄새가 나는데 뭐~.

아니라고!
난 결백해!

짹

짹 짹

짹

다들 잘 잤니?

167

무조건 많이 채집하는 게 좋은 걸까?

채집의 목적에 따라 다르지.

이 주변의 식물 분포를 알아보면 어떨까?

못 보던 식물이 많아!

흠~, 괜찮은 아이디어야.

그럼 분야별로 나누어 맡자.

흠··

나는 풀을 채집할게.

란이는 나무의 잎을 맡아.

범우주는 꽃과 열매를 채집하는 거야.

채집 장소를 지도에 표시해서 지만이에게 주면, 정리해서 식물 분포도를 만드는 거야.

스으

쉿!

*맹금류 독수리, 부엉이, 올빼미처럼 날카로운 부리와 발톱을 가진 육식성 새.

174

멈칫
이런.
너무 멀리 왔어!
이대로 가다가는
모두 길을 잃을 거야!
지만아!
풀썩
하아..
하아..
도움을
청해야 하는데…….
어떡하지?
빨리 결정해야 해!
붕.. 부웅
으아아악
빨리!!

# 식물의 구조와 기능

식물은 동물처럼 자유롭게 이동하지 못하기 때문에 스스로 양분을 만들어 살아야
합니다. 다행히 식물은 이러한 일을 하는 데 적합한 구조를 갖추고 있으며,
식물을 구성하는 잎, 줄기, 뿌리는 식물의 성장에서 각각 다른 역할을 하고 있습니다.

## 잎의 구조와 기능

잎은 크게 잎몸, 잎자루, 턱잎으로 구성되어 있으며 대부분은 잎몸이 잎자루에
연결되어 줄기에 붙어 있습니다. 또 잎의 표면에는 우리 눈에 보이지 않는 수많은
구멍이 있는데, 이것을 기공이라고 합니다. 잎은 엽록체에서 햇빛을 받아 스스로
양분(포도당)을 만드는 광합성 작용, 산소를 받아들이고 이산화탄소를 내보내는
호흡 작용, 식물체 내의 물을 공기 중으로 내보내는 증산 작용을 합니다.

**광합성 작용** 엽록체가 빛 에너지를 받아 물과
이산화탄소를 이용해, 식물이 살아가는 데
필요한 포도당과 산소를 만드는 과정입니다.
햇빛이 강할수록 광합성의 양도 늘어나며 빛이
없는 밤에는 일어나지 않습니다. 또 온도의
영향을 받아 35~38℃에서 광합성이 가장
활발하게 일어납니다.

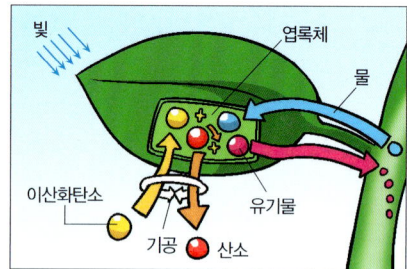

**호흡 작용** 살아 있는 모든 식물은 온종일
호흡을 합니다. 호흡은 산소를 이용해 양분을
산화시켜 에너지를 얻는 과정으로, 이때
식물은 산소를 빨아들이고 이산화탄소를
내뿜습니다. 낮에는 호흡 작용보다 광합성
작용이 더 많이 일어나고, 밤에는 호흡 작용만
일어납니다.

**증산 작용** 뿌리에서 빨아들인 물이 줄기의
물관을 타고 잎까지 전해져, 잎 뒷면의 기공을
통해 수증기의 형태로 빠져나가는 현상입니다.
증산 작용을 통해 잎의 광합성에 필요한
수분이 뿌리에서부터 전해지며, 수분이
증발할 때 식물체 내부의 열이 함께 빠져나가
체온을 조절해 주는 역할도 합니다.

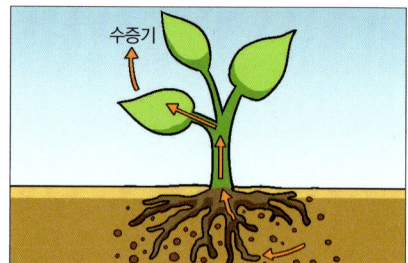

## 줄기의 구조와 기능

식물의 줄기는 크게 표피, 피층, 관다발로 구성되어 있습니다. 표피는 식물의 바깥층을 덮어 수분의 증발을 막고, 표피와 관다발 사이에 있는 피층은 식물의 성장에 필요한 여러 가지 물질을 저장합니다. 관다발은 물이

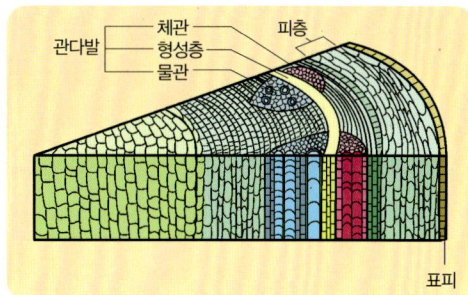

줄기의 구조.

지나가는 물관과 양분이 지나가는 체관으로 이루어져 있으며, 쌍떡잎식물은 물관과 체관 사이에 형성층이 있습니다. 줄기는 물과 양분을 이동시키는 운반 작용과 잎과 꽃을 지탱하는 지지 작용을 하고, 감자나 양파 등 일부 식물에서는 양분 저장의 역할도 합니다. 또 껍질의 작은 반점인 피목에서는 호흡 작용이 이루어집니다.

## 뿌리의 구조와 기능

식물의 뿌리는 크게 흙 속의 물과 양분을 흡수하는 뿌리털, 세포를 분열시켜 뿌리를 자라게 하는 생장점, 그리고 생장점을 감싸는 뿌리골무로 구성되어 있습니다. 뿌리는 주로 땅속에서 줄기를 지탱하는 지지 작용, 양분을 저장하는 저장 작용, 흙 속에 있는 물과 양분을 빨아들이는 흡수 작용 등을 합니다. 뿌리가 흙 속의 물과 양분을 빨아들일 수 있는 것은 농도가 낮은 용액이 농도가 높은 용액으로 이동하려는 삼투 현상 때문입니다. 뿌리 내부의 농도가 흙 속의 농도보다 높아 물이 물관까지 전해지는 것입니다.

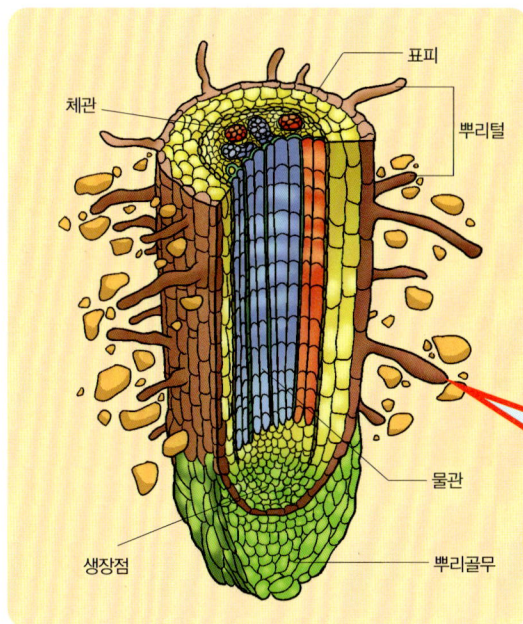

뿌리의 구조.

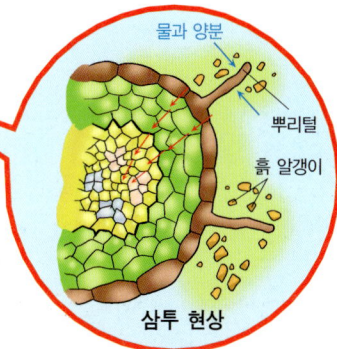

삼투 현상

# 꽃의 수분과 수정

꽃은 꽃씨를 만들어 자손을 번식하는 생식 기관으로, 종자식물에서만 볼 수 있는 기관입니다. 식물은 일반적으로 꽃 안의 암술과 수술이 서로 만나 열매를 맺고, 열매 속의 씨가 싹을 틔워 다시 꽃을 피우고 맺는 과정을 반복하면서 번식합니다.

## 꽃의 구조

꽃은 기본적으로 암술, 수술, 꽃잎, 꽃받침으로 구성되어 있습니다. 꽃의 중앙에 있는 암술은 암술머리, 암술대, 씨방으로 이루어져 있는데, 암술머리는 꽃가루가 붙기 쉽게 끈적끈적하며 씨방 속에는 밑씨가 들어 있습니다. 수술은 꽃밥과 수술대로 구성되어 있으며, 꽃밥 속에는 많은 수의 화분(꽃가루)이 들어 있습니다. 꽃잎은 암술과 수술을 보호하고 수분(꽃가루받이)을 하기 위해 곤충이나 새를 유인합니다. 꽃받침은 꽃잎의 바깥쪽에 위치하여 꽃잎이 떨어지지 않게 받쳐 줍니다.

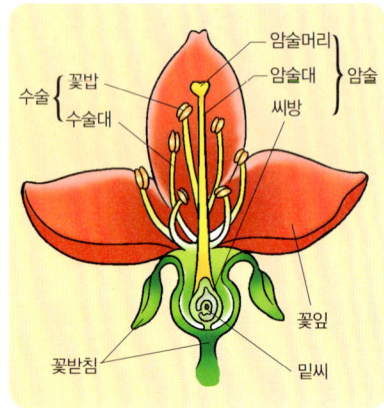

꽃의 구조.

## 꽃의 분류

| | | | |
|---|---|---|---|
| 꽃의 구조 | 갖춘꽃 | 꽃잎, 꽃받침, 암술, 수술의 네 부분을 모두 가지고 있는 꽃. | 벚꽃, 국화 |
| | 안갖춘꽃 | 꽃잎이 없는 꽃. | 벼, 밀 |
| | | 꽃받침이 없는 꽃. | 튤립, 창포 |
| | | 암술이나 수술이 없는 꽃. | 오이, 호박 |
| 꽃잎의 모양 | 통꽃 | 꽃잎이 붙어 있는 꽃. | 나팔꽃, 개나리 |
| | 갈래꽃 | 꽃잎이 한 장 한 장 떨어져 있는 꽃. | 목련, 코스모스 |
| 암술과 수술 | 양성화 | 하나의 꽃 속에 암술과 수술이 모두 들어 있는 꽃. | 매화, 백합 |
| | 단성화 | 암술이나 수술 중 하나만 들어 있는 꽃. | 가는잎쐐기풀 |
| 화분이 옮겨지는 방법 | 충매화 | 화분이 곤충에 의해서 운반되는 꽃. | 개나리, 호박 |
| | 풍매화 | 바람에 의해 화분이 운반되는 꽃. | 민들레, 소나무 |
| | 수매화 | 물속에서 자라는 식물의 꽃으로, 물이 화분을 옮겨 주는 꽃. | 연꽃, 검정말 |
| | 조매화 | 화분이 새에 의해서 운반되는 꽃. | 파인애플, 바나나 |

## 수분과 수정

꽃이 열매를 맺기 위해서는 수분과 수정이 이루어져야 합니다. 수분이란 바람이나 곤충, 새에 의해 수술의 화분이 암술의 머리까지 옮겨지는 것이고, 수정은 암술머리에 닿은 화분이 암술대 속을 뚫고 내려와 씨방 속의 밑씨와 결합하는 것입니다. 이렇게 수정이 되면 씨방은 열매로 자라고, 밑씨는 씨앗이 됩니다.

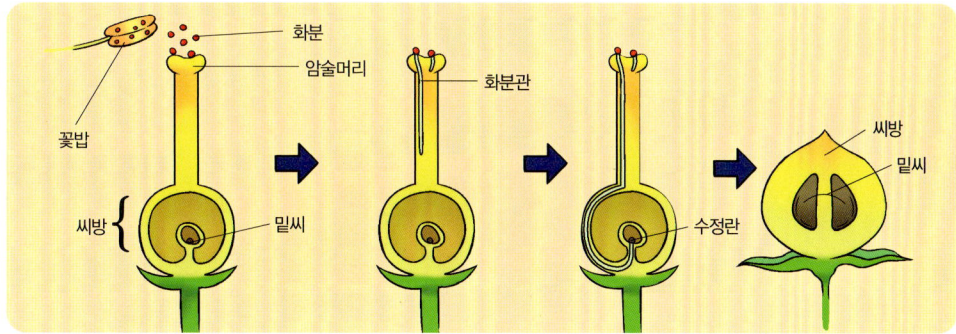

수정을 통해 씨앗이 생기는 과정.

## 열매의 구조와 종류

열매는 꽃의 씨(종자)와 이것을 싸고 있는 과피(열매껍질)로 이루어져 있습니다. 열매가 맺힐 때 종자를 감싸고 있는 씨방이 자라서 열매가 되면 참열매, 씨방 이외의 부분인 꽃받침이나 꽃대 등이 함께 자라서 열매가 되면 헛열매라고 합니다.

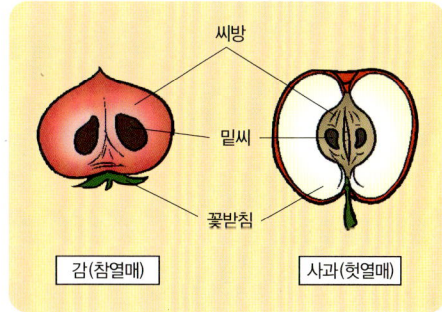

열매의 구조.

## 씨앗의 구조

씨앗은 배와 배젖으로 이루어져 있습니다. 배는 잎, 줄기, 뿌리가 될 모든 조직이 들어 있어 나중에 식물이 될 어린 식물체이며, 배젖은 배에 필요한 양분을 공급하는 곳입니다. 콩과 같이 배젖이 없는 식물은 떡잎에 양분을 저장합니다.

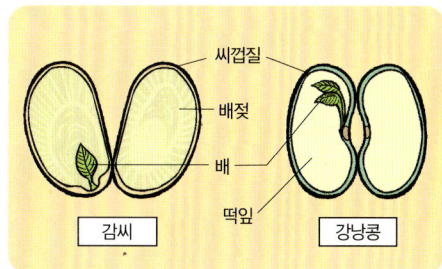

씨앗의 구조.

〈내일은 발명왕〉
출시 임박!

독자 여러분 기억하나요?

2권에 나왔던 발명반 한대범!

아니, 너! 넌 그때……

작가

이후 발명반 아이들을 주인공으로 해도 재밌을 것 같다는 생각이 들었습니다.

흠……

〈살아남기〉와 〈보물찾기〉의 유명세 덕을 보려던 시도는 실패로 끝났지만……

〈발명반에서 살아남기〉 어때요?

안 돼요. 그럼 〈발명반에서 보물찾기〉는?

안 돼요!

팀장

어느 날, 희소식이 들려왔습니다.

〈내일은 발명왕〉 할 거예요.

정말요?!

대신 책을 **많이 많이 자주자주** 출간해야 해요.

오싹

왜, 왠지 으ㅅㅅ하니……, 이상하게 춥다!

파이팅~ 힘내라~

2개월이 지나고…….

으윽!

허리 디스크

소화 불량

수명 부족

폭풍 비만

팀장님, 그냥 〈내일은 실험왕〉만 열심히 하면 안 될까요?

약한 소리 마시오! 오랜만에 등장인데!

이봐요, 홍 작가님! 어딜 도망가시려고요~.

맘대로 하세요. 하고 싶다는 작가님들 줄을 섰습니다! 어머, 한 작가님~!

그냥 열심히 하시죠.

〈내일은 발명왕〉 곧 출시됩니다.
열심히 그렸으니 재미있게 봐 주세요!

사각 사각